Durch meine Wertschätzung für die Umwelt, habe ich auf unnötige Seiten für Fotos verzichtet.

Die Anregungen in diesem Buch sind mit großer Sorgfalt erstellt und geprüft worden, es ersetzt aber keinen ärztlichen Rat! Jeder Handelt für sich selbst und muss die Verantwortung für sich selbst übernehmen.

Daher ist eine Haftung durch die Autorin für Personen- Sach- oder Vermögensschäden ausgeschlossen und wird nicht übernommen.

Bitte überzeugen Sie sich vor dem Genuss der Gerichte, ob sie für Sie geeignet sind!

Bettina Birkner

Nachtisch und Süßes

Glutenfrei und Vegan

Bibliografische Information der Deutschen Nationalbibliothek:

Die Deutsche Nationalbibliothek verzeichnet diese Publikation in der Deutschen Nationalbibliografie; detaillierte bibliografische Daten sind im Internet über http://dnb.dnb.de abrufbar.

© 2015 Name des Autors/Rechteinhabers **Bettina Bormann**

Herstellung und Verlag: BoD – Books on Demand, Norderstedt

ISBN: 9783743176607

Glutenhaltige Getreidesorten		Glutenfreie Getreidesorten	
+	Weizen	−	Reis, Wildreis
+	Dinkel	−	Mais
+	Roggen	−	Hirse
+	Hafer	−	Buchweizen
+	Gerste	−	Amaranth
+	Grünkern	−	Quinoa
+	Kamut		

Melonen - Gazpacho

Zutaten

800g	Melone
2	Tomaten
1	Paprikaschote
1	Zwiebel
100 ml	Tomatensaft
2 EL	Olivenöl
1 TL	Granatapfelsirup
	Salz
	Pfeffer

Zubereitung

Die Melone schälen, entkernen und in grobe Würfel schneiden.

Paprika und Tomaten ebenfalls entkernen und in Würfel schneiden

Zwiebel fein würfeln.

Alles in ein hohes Gefäß geben und mit Olivenöl und Tomatensaft pürieren.

Mit dem Granatapfelsirup, Salz und Pfeffer abschmecken.

Die Masse durch ein nicht zu feinmaschiges Sieb passieren und 4 Stunden kalt stellen.

Pflaumenkompott

Zutaten

500 g	Pflaumen
5 EL	Wasser
80 g	Zucker
1 Pck.	Vanillezucker
½ TL	Zimt

Zubereitung

Pflaumen vierteln und entsteinen.

Wasser, Zucker, Vanillezucker und Zimt zugedeckt in einem Topf zum Kochen bringen.

Auf niedrigster Wärmestufe weich kochen, nicht rühren!.

Danach erkalten lassen.

Holunderblütensirup

Zutaten

20	Holunderblütendolden
2 kg	Zucker
150 ml	Zitronensaft
2 Liter	Wasser

Zubereitung

Die Holunderblütendolden für 24 Stunden in das Wasser legen.

Geschirrtuch über das Gefäß legen.

Wasser durch ein Sieb in einen Topf gießen und mit Zucker und Zitronensaft aufkochen.

Noch heiß in abgekochte und verschließbare Gefäße geben.

Kokosmilchreis

Zutaten

400 ml	Kokosmilch
200 ml	**Wasser**
100 g	Milchreis
1 Prise	Salz
60 g	Zucker

Zubereitung

Den Milchreis mit Kokosmilch, Wasser und Salz ca. 30 Minuten bei mittlerer Hitze gar ziehen lassen.

Gelegentlich umrühren. Zum Ende der Garzeit den Zucker dazugeben.

Kochbananen

Zutaten

4 große Kochbananen

Öl

Zubereitung

Kochbananen in schräge Scheiben von 1 cm dicke schneiden.

Öl in einer Pfanne erhitzten und die Kochbananenscheiben darin schwimmend ca. 2 Minuten von jeder Seite ausgebacken.

Buttercremetorte

Zutaten

Für den Biskuitboden:

- **4** Eier aus Ersatzprodukt
- **250 g** Zucker
- **1 Pck.** Vanillezucker
- Geriebene Zitronenschale
- **75 g** Glutenfreies Mehl
- **75 g** Speisestärke
- **1 TL** Backpulver

Für die Creme:

- **2 Pck.** Puddingpulver ohne Gluten und Milch
- **750 ml** Sojamilch
- Zucker
- **250 g** Margarine
- **1 Flasche** Zitronenaroma-

2 Dosen Mandarinen

Zubereitung

Eierersatz, Zucker und Vanillezucker schaumig schlagen, Zitronenschale zugeben.

Mehl, Speisestärke und Backpulver darauf sieben und unterheben.

Springform mit Margarine fetten.

Teig in die Form füllen und bei ca. 180°C Ober- und Unterhitze 30 Minuten backen. Gut auskühlen lassen.

Creme:
Vanillepudding nach Packungsanleitung mit der Sojamilch und Zucker zubereiten. Abkühlen lassen.

Margarine schaumig schlagen, Pudding löffelweise gut unterrühren. Zitronenaroma unterrühren

Mandarinen abtropfen lassen.

Biskuit in der Mitte Durchschneiden, das man zwei hat. Die Hälfte der Creme auf den Boden verteilen, die Hälfte der Mandarinen darauf verteilen, danach die Böden aufeinander liegen, mit der restlichen Creme die Torte bestreichen und die restlichen Mandarinen darauf verteilen

Biskuit - Boden

Zutaten

200 g	Buchweizenmehl
50 g	Reismehl
80 g	Amarant gemahlen
160 g	Hirsemehl
1 Prise	**Salz**
1 Tüte	Backpulver
1 Msp.	Vanille - Pulver
200 g	Rohrzucker
600 ml	**Mineralwasser**
15 EL	Öl
½	abgeriebene Zitronenschale o

Zubereitung

Die trockenen Zutaten vermischen

Rapsöl ins Wasser geben und zu dem trockenen Gemisch geben,

5 Min rühren lassen.

Teig in eine mit Backpapier ausgelegte Springform geben.

Die Form in den kalten Backofen bei ca. 140°C Ober- und Unterhitze ca. 100 min backen.

Mürbeteig

Zutaten

180 g	Buchweizenmehl
30 g	Amarant, gemahlen
50 g	**Gemahlene Haselnüsse**
1 Prise	**Salz**
1 Prise	Rohrzucker
½ TL	Natron
100 g	Margarine
100 ml	**Mineralwasser**
2 cl	Rum

Zubereitung

Zutaten vermischen, Wasser dazugeben,
Zu einem Ballformen und in Alufolie einpacken

Für 1 Stunde in den Kühlschrank legen, danach weiter verarbeiten.

Tortenboden

Zutaten

220 g	Kokosnussraspelt
600 ml	**Wasser**
40 g	Speisestärke
1 Tüte	Puddingpulver
1 Prise	**Salz**
1 Prise	Zucker

Zubereitung

Kokos, Salz und Zucker mit 400 ml Wasser aufsetzen und zum köcheln bringen

200 ml kaltes Wasser mit der Speisestärke vermischen, dem köchelnden Wasser beigeben, gut vermischen!

In eine 26 cm Springformboden geben, glatt streichen.

Smoothie

Zutaten

300 g	Sojadrink
100 ml	Fruchtsaft
2	**Bananen**
2	Nektarinen
2 EL	Dattelsirup

Zubereitung

Obst pürieren

Fruchtsaft und Sirup unterrühren.

Nougat

Zutaten

200 g	Walnüsse
3 EL	Ahornsirup
4 TL	Kakaopulver
¼ TL	Zimt, gemahlen
½ TL	Vanille pulver
1 TL	Kaffee

Zubereitung

Walnüsse fein hacken.

Alle Zutaten in ein hohes Gefäß geben und mit einem Pürierstab verrühren.

Vanille-Apfel Muffins

Zutaten

120 g	Maismehl
100 g	Maisstärke
1 Pck.	Vanillearoma
1 TL,	Zimtpulver
60 g	Margarine
½ TL	Natron
4 EL	Eiersatzpulver
1 Schuss	Apfelsaft
1 Schuss	**Mineralwasser**
50 g	Kokosraspel
1kleiner	**Apfel**
	Margarine

Zubereitung

Eiersatzpulver mit wenig Mineralwasser schaumig rühren.

Alle anderen Zutaten in eine Schüssel geben und mit dem Handrührgerät vermengen.

Den Apfel in sehr kleine Stücke schneiden und unter die Masse heben.

Die Muffinform mit Margarine einstreichen und mit Kokosraspel ausstreuen (.

Bei 200°C Ober- und Unterhitze 20 Minuten backen.

Amerikaner

Zutaten

150 g	Margarine
60 g	Rohrzucker
1 Prise	Salz
1	Abgeriebene Zitronenschale
250 g	Buchweizenmehl
50 g	Amarant, gemahlen
120 g	Naturreismehl
80 g	Kichererbsenmehl
100 g	**Mandeln**
1 Pck.	Backpulver
¼ TL	Vanille - Pulver
600 ml	Sojamilch

Für den Guss: 1

250 g	Puderzucker

1 EL	Wasser
3 EL	Rum

Zubereitung

Die Zutaten von Margarine bis Sojamilch gut verrühren und auf ein mit Backpapier ausgelegte Backblech gießen.

In den vorgeheizten Backofen auf 160°C Ober – und Unterhitze ca. 20 min backen.

Puderzucker mit Wasser und Rum vermischen und im Wasserbad heiß machen.

Wenn der Kuchen fertig ist,, ein leeres mit Backpapier ausgelegtes Backblech auf den Kuchen legen und alles umdrehen. Das der Kuchen auf dem kalten Blech liegt

Backpapier vom Kuchen lösen

Jetzt den Guss über den Teig geben

Porridge

Zutaten

60 g	Hirseflocken
75 ml	Wasser
75 ml	Sojamilch
1 Prise	Meersalz
1	Banane
1 TL	Zimt
	Wasser

Zubereitung

Wasser mit Sojamilch und Meersalz aufkochen. Topf vom Herd nehmen
Hirseflocken einrühren und unter Rühren 5 min ausquellen lassen.
Banane zerdrücken und zusammen mit dem Zimt unter die Hirse rühren.
Ist das Porridge zu dickflüssig geworden, Wasser einrühren.

Crepe

Zutaten

100 g	Naturreismehl
50 g	Kichererbsenmehl
1 Prise	Salz
1 Prise	Rohrzucker
3 EL	Margarine
300 ml	**Mineralwasser**

Zubereitung

Zutaten verrühren

Den Teig für ca. 30 min in den Kühlschrank.

Falls der Teig zu dick geworden ist mit Wasser verdünnen.

Walnuss Kuchenbrot

Zutaten

100 g	Rosinen
½ **Tasse**	Rum
200 g	**Walnüsse**
4	**Bananen**
400 ml	**Mineralwasser**
230 g	Maismehl
250 g	Buchweizenmehl
3 TL	Koriander, gemahlen
¼ TL	**Salz**
2 **Tüten**	Backpulver
200 g	Rohrzucker
1 **Tüte**	Vanillezucker

Zubereitung

Rosinen mit Rum in einer Tasse bedecken, 1 Std. ruhen lassen.

Walnüsse trocken rösten, hacken.

Maismehl und Buchweizenmehl mit dem Koriander mischen.

Bananen pürieren.

Alle Zutaten vermischen

Im kalten Backofen bei 180° C Ober- und Unterhitze ca. 60 min backen.

Mandelkuchen

Zutaten

300 g	Bananen
250 g	Buchweizenmehl
100 g	Naturreismehl
50 g	Amarant, gemahlen
200 g	Gemahlene Mandeln
1 Msp.	Vanille - Pulver
1 Prise	Salz
1 Tüte/n	Backpulver
3 TL	Süßstoff, flüssigen
400 g	Mineralwasser
1	Zitrone

Zubereitung

Die Zitrone auspressen und die Schale abreiben.

Alle Zutaten miteinander vermischen und in eine mit Backpapier ausgelegte Springform gießen,

Im kalten Backofen bei 180°C Ober- und Unterhitze ca. 60 min backen.

Maispfannkuchen

Zutaten

150 g	Maismehl
100 g	Kichererbsenmehl
1 TL	Salz
1 Prise	Rohrzucker
4 EL	Öl
	Öl

Zubereitung

Alle Zutaten verrühren

30 min quellen lassen

In einer Pfanne Öl bei mittlerer Stufe heiß werden lassen, mit einer Kelle Teig hinein geben und von beiden Seiten Gold-Braun werden lassen.

Mohn - Pudding mit Rosinen

Zutaten

40 g	Maisgrieß
10 g	Mohn
80 g	Sojamilch
120 g	Wasser
1 TL	Rosinen

Zubereitung

Alle Zutaten unter Rühren aufkochen, bis der Maisgrieß zu sprudeln beginnt.

Vom Herd nehmen und einen Deckel drauf.

10 Min. quellen lassen, dann die Masse in Puddingschälchen abfüllen und 15 Min. ruhen lassen.

Schokoladenkuchen

Zutaten

1 ½ Tasse/n	Glutenfreies Mehl
1 TL	Sojamehl
1 Pck.	Backpulver
1 Pris)	Salz
¾ Tasse	Zucker
200 ml	Sojamilch
3 EL	Kakaopulver
evtl.	Bittermandelaroma
evtl.	**Gemahlene Mandeln**
150 ml	Rapsöl

Zubereitung

Alle Zutaten in eine Schüssel geben und mit dem Handrührgerät verrühren.

Alles in eine Backform geben und bei 180°C Ober- und Unterhitze ca. 40 Min. backen.

Mandarinen Torte

Zutaten

Für den Mürbeteig:

6 EL	Buchweizenmehl
8 EL	Naturreismehl
2 EL	Rohrzucker
1 Prise	Salz
70 g	Margarine
8 EL	Wasser

Für die Füllung:

250 g	Kokosnussraspeln
500 ml	Wasser
½ TL	Vanillepulver
600 g	Tofu
150 g	Rohrzucker
1 Prise	Salz

80 g Speisestärke

2 Tüten Puddingpulver

800 g Mandarinen

Zubereitung

Für den Mürbeteig alle Zutaten verrühren

 Ringform mit Backpapier auslegen, Teig hinein füllen und ruhen lassen, ca. 30 Minuten

Kokosnussraspel mit 500 ml Wasser in einem Mixer rühren

Vanillepulver zugeben und den Tofu nach und nach beigeben

Die anderen Zutaten bis auf die Mandarinen dazugeben und danach alles auf den Teig in der Backform geben.

Die Mandarinen n den Teig stecken

In den kalten Backofen bei ca. 160°C Ober- und Unterhitze ca. 50 min backen.

Obstkuchenboden

Zutaten

Für den Boden:

250 g	Maismehl
200 g	Margarine
150 g	Zucker

Für den Belag:

1000 g	Äpfel
150 g	Gehackte Mandeln
2 EL	Zucker
1 TL	Zimt
1 EL	Rosinen

Zubereitung

Alle Zutaten für den Kuchenboden in eine Schüssel geben und gut verrühren bis aus allem Streusel entstehen.

Diese Streusel in eine 26 cm Backform schütten und andrücken. Mit einer Erhöhung für den Rand

Die Äpfel schälen und vom Kernhaus befreien, dann achteln.

2 EL Zucker mit dem Zimt mischen und über die Äpfel streuen.

Die Mandeln mit 2 EL Zucker mischen und auf dem Kuchenboden verteilen. Dann die Rosinen nach Geschmack auf dem Boden verteilen. Zuletzt die gezuckerten Äpfel kreisförmig anordnen.

Im vorgeheizten Backofen bei 180°C ca. Ober- und Unterhitze eine Stunde backen.

Spätzle

Zutaten

120 g	Maismehl
150 ml	**Wasser**
	Salz und Pfeffer
	Muskat

Zubereitung

Maismehl in eine Schüssel geben, nach und nach 100 - 150 ml warmes Wasser dazugeben, bis ein zäher Teig entsteht.

Den Teig 10 min ruhen lassen.

Salzwasser zum Kochen bringen und die Spätzle mit einem Spätzle Hobel hinein reiben, ca. 3-5 min kochen lassen.

Granola (Müslie)

Zutaten

5 Tassen	MIX aus Amaranth-, Reis-, Buchweizen- und Hirse
2 Tassen	**Mandeln, grob gehackte**
1 Tassen	**Kürbiskerne**
³/₄ Tassen	Sesam
2 TL	Zimtpulver
1 TL	Ingwer
1 TL	**Salz**
½ Tassen	Trockenfrüchte
³/₄ Tassen	Ahornsirup
2 EL	Rapsöl

Zubereitung

Ofen auf 170°C Ober- und Unterhitze vorheizen.

Flocken, Mandeln, Kürbiskerne und Sesam in eine große Schüssel geben.

Mit Zimt, Ingwer und Salz würzen und nochmals vermischen.

Trockenfrüchte grob zerhacken und

Sirup gleichmäßig über die Oberfläche der Flockenmasse gießen du vermischen

Alles auf ein Backblech geben und gleichmäßig verteilen

12 Minuten backen, dann rausnehmen und alles noch einmal durchmischen. Das 3 mal wiederholen

Karotten - Muffins

Zutaten

500 g	Geraspelte Karotten
160 g	Kichererbsenmehl
160 g	Bohnen gemachlen
160 g	Maismehl
100 g	**Gemahlene Mandeln**
200 g	Zucker
1 Tüte	Backpulver
¼ TL	**Salz**
5 EL	Kakaopulver
3 Tasse	**Mineralwasser**
	Fett, für die Muffinsformen
	Puderzucker
500 ml	Gemüsebrühe

Zubereitung

500 g geraspelte Karotten in ca. 500 ml Brühe bissfest kochen, abgießen und zu Mus pürieren,

Die anderen Zutaten (bis auf das Wasser) vermischen und das Karottenmus dazugeben

Wasser langsam beigeben,

Muffinsform einfetten und den Teig einfüllen.

Bei 180°C Ober- und Unterhitze ohne vorheizen ca. 45 min ab backen

Buchweizenwaffeln

Zutaten

180 ml	Sojamilch
2 EL	Sojamehl
4 EL	Buchweizenmehl
2 EL	Maismehl
3 EL	Maisstärke
1 EL	Amarant
1 TL,.	Pfeilwurzelmehl
1 TL,.	Johannisbrotkernmehl
1 TL,.	Backpulver
1 Prise	**Salz**
3 EL	**Sonnenblumenkerne**
	Fett für das Waffeleisen

Zubereitung

Alle Zutaten vermengen und mit dem Mixer mit der Sojamilch zu einem glatten Teig verarbeiten.

Teig 10 Minuten quellen lassen.

Ein Waffeleisen vorheizen und einfetten. Aus dem Teig portionsweise knusprige Waffeln backen.

Maispfannkuchen

Zutaten

250 g	Maismehl
50 g	Kichererbsenmehl
2 TL	Zucker
2 TL	Salz
500 ml	Mineralwasser
2 cl	Rum
	Fett

Zubereitung

Beide Sorten Mehr, Zucker und Salz vermischen und unter langsamen rühren das Wasser und den Rum dazugeben

Eine Pfanne bei mittlerer Hitze erwärmen und die gewünschte Menge Teig hinein füllen, von beiden Seiten goldbraun anbraten.

Mandarinenkuchen

Zutaten

500 g	Tofu
1 Liter	Soja - Drink naturell
250 g	Kokosnussraspeln
500 g	Maismehl
1 Prise	Salz
300 g	Zucker
1 Tüte	Backpulver
150 g	Preiselbeeren
600 g	**Mandarinen (aus der Dose)**

Tofu zerbröckeln

Den Tofu in die Hälfte des Soja - Drink geben und mit einem Pürierstab pürieren.

Den Rest Soja – Drink mit den Kokosnussraspeln, Salz und Zucker in eine Rührschüssel geben, gut verrühren, langsam die Tofu – Soja – Drink Mischung unterrühren

Mandarinen abtropfen lassen

Preiselbeeren vorsichtig unter den Teig ziehen und alles in die mit Backpapier ausgefüllte 26 cm Ringform gießen

Mandarinenscheiben in den Teig drücken.

In den vorgeheizten Backofen und bei ca. 100°C Ober- und Unterhitze t ca. 100 – 120 Min backen.

Zubereitung

t

Tofu in kleine Würfel schneiden und in Balsamico und Sojasauce 30 min einlegen

Alle Zutaten für den Boden vermischen und auf ein mit Backpapier ausgelegtes Backblech gießen

Bei 160°C Ober – und Unterhitze vorgeheizten Backofen 15 min vorbacken.

Paprika in Streifen schneiden

Tomaten in eine Schüssel geben und mit Mais, Paprikaschotenstreifen, Champignons, Majoran, Basilikum, Zucker, Pfeffer (nach Bedarf) und Naturreismehl geben

Tofu dazugeben und mit der Lake abschmecken

Pizzaboden aus dem Ofen nehmen, Ofen auf 200 C stellen

Zutaten auf den Boden geben, glatt streichen und mit dem Käse bedecken

In den noch heißen, 200°C Ober- und Unterhitze geben, ca. 20 min backen.

Mandelkuchen

Zutaten

100 g	Margarine
250 g	**Mandeln**
200 g	Naturreismehl
2	Kardamomkapseln gemahlen
1	Piment gemahlen
1 Prise	**Salz**
200 g	Maismehl grob
1 Tüte	Backpulver
500 g	**Mineralwasser**
200 g	Zuckerrübensirup

Zubereitung

Margarine zerlassen

Mandeln in einer trockenen Pfanne rösten

Danach mahlen

Die anderen trockenen Zutaten vermischen

Mineralwasser und Zuckerrübensirup langsam dazugeben

Die Zerlassene Margarine unterrühren

Danach alles in eine 30 cm mit Backpapier ausgefüllte Backform gießen

In den kalten Backofen und bei ca. 180°C Ober – und Unterhitze ca. 60 min backen

Zucchinikuchen

Zutaten

500 g	Zucchini
1	Bananen
250 g	Olivenöl
250 g	Zucker
1 TL	Salz
200 g	Naturreismehl
100 g	Maiskörnermehl
2 TL	Backpulver
1 Priese	Zimt
1 TL	Vanillepulver
80 g	Kokosraspel
25 g	Schokolade (in kleinen Stücken)

Zucchini schälen und grob raspeln

Banane zerdrücken und mit dem Öl verrühren

Von Zucker bis Kokosraspel alles vermischen und zu der Banane dazugeben

Zucchini dazugeben und alles gut miteinander verrühren

In eine 30 cm mit Backpapier ausgefüllte Backform gießen

Schokolade auf den Kuchenteig streuen.

Backofen ca. 180°C Ober – und Unterhitze ca. 60 min backen

Schokoladenkuchen

Zutaten

70 ml	Rapsöl
100 ml	Mineralwasser
220 ml	Soja - Drink
1 EL	Apfelessig
1 TL	Vanillepulver
170 g	Rohrzucker
50 g	Hirsemehl
50 g	Maismehl
50 g	Kichererbsenmehl
150 g	Kartoffelmehl
150 g	Kakaopulver
1 Tüte	Backpulver
1 Prise	Salz
1 Schuss	Rum

Zubereitung

Sojamilch, Essig Mineralwasser und Öl vermischen

Alle anderen Zutaten gut vermischen und zu den Flüssigkeiten zugeben, gut verrühren.

In eine mit Backpapier ausgelegte 30 cm Backform gießen.

Bei ca. 180°C Ober – und Unterhitze, ca. 60 min backen

Schokoladen - Sandkuchen

Zutaten

70 g	Öl
100 g	Mineralwasser
550 g	Soja - Drink
1 EL	Balsamico
1 Schuss	Rum
1 TL	Vanillepulver
250 g	Zucker
50 g	Hirsemehl
50 g	Maismehl
50 g	Kichererbsenmehl
150 g	Kartoffelmehl
150 g	Kakaopulver
1 Tüte	Backpulver
1 Prise	Salz

Zubereitung

Sojadrink, Öl, Mineralwasser, Rum und mit Essig vermischen,

Alle anderen Zutaten gut vermischen und zu den Flüssigkeiten zugeben, gut verrühren.

In eine mit Backpapier ausgelegte 30 cm Backform gießen.

Bei ca. 180°C Ober – und Unterhitze, ca. 60 min backen

Kirschkuchen

Zutaten

500 g	Maismehl
200 g	Amarantpulver
10	**Mandel** gemahlen
1 Tüte	Backpulver
400 g	Zuckerrübensirup
1 Prise	**Salz**
75 g	Kirschwasser
500 g	**Mineralwasser**
150 g	**Kirschen**

Zubereitung

Alle Zutaten bis auf die Kirschen miteinander vermischen

Danach die Kirschen unterheben. Teig in eine mit Backpapier ausgefüllte Backform gießen

Bei ca. 180°C Ober – und Unterhitzen stellen und ca 60 Min. backen.

Erdnusskekse

Zutaten

120 g	Margarine
150 g	Zucker
150 g	Erdnussbutter
80 g	Gehackte Erdnüsse
2 Pck.	Vanillezucker
½ TL	Backpulver
½ TL	**Salz**
200 g	Reisflocken
150 ml	Orangensaft

Zubereitung

Margarine, Erdnussbutter, Zucker, Salz und Vanillezucker miteinander verrühren

Erdnüsse dazugeben

Reisflocken und Backpulver dazugeben und kurz verrühren.

Orangensaft dazu und alles gut miteinander vermischen

Kleine Kugeln mit 2 cm Durchmesser formen und mit Abstand auf ein mit Backpapier ausgelegtes Backblech legen.

Backofen auf 180° C Ober - und Unterhitze vorheizen ca. 10-15 Minuten goldbraun backen

Schokoladenkuchen

Zutaten

450 g	Kartoffelmehl
1 Prise	Salz
1 Tüte	Backpulver
1 Tüte	Vanillezucker
50 g	Gemahlene Erdnüsse
280 g	Zucker
60 g	Kakaopulver
200 g	Margarine
50 g	Rum
400 g	**Mineralwasser**

Zubereitung

Alle Zutaten gut miteinander verrühren, der Teig muss dünn sein. In eine 26 cm mit Backpapier ausgelegte Backform gießen. Backofen und bei ca. 180°C Ober – und Unterhitze ca. 60 min backen

Maiskuchen

Zutaten

500 g	Maismehl
1 ½ Tüten	Backpulver
180 g	Zucker
1 Prise	Salz
1 TL	Vanillepulver
200 g	Margarine
500 ml	Mineralwasser

Zubereitung

Alle Zutaten miteinander gut vermischen

Danach alles in eine 26 cm mit Backpapier ausgelegte Backform gießen,

in den Backofen und bei ca. 160°C Ober- und Unterhitze ca. 60 min backen

Zitronenpudding

Zutaten

2	Zitronen, Abrieb, Saft und Fleisch
500 g	Wasser
40 g	Reismehl
1 Prise	Salz
80 g	Ahornsirup

Zubereitung

Zitronenabrieb, Saft und Fleisch in einen Topf geben, mit Wasser auffüllen.
Reismehl, Salz und Ahornsirup einrühren, 2 min kochen lassen.

Auf einen mit kaltem Wasser ausgespülten tiefen Teller gießen und abkühlen lassen.

Kokos - Kuchen

Zutaten

Für den Boden:

300 g	Naturreismehl
100 g	Buchweizenmehl
80 g	Zucker
1 Prise	Salz
2 TL	Backpulver
80 g	Margarine
350 g	Rotwein

Für den Belag:

250 g	Kokosraspel
100 g	Zucker
1 Tüte/n	Vanillezucker
1 Prise	Salz
120 g	Margarine

Zubereitung

Für den Boden alle Zutaten miteinander verrühren auf ein mit Backpapier ausgelegtes Backblech gießen und verteilen..

Für den Belag die Kokosraspel mit Salz, Zucker und Vanillezucker vermischen

Danach alles auf den Teig streuen und mit der Handfläche ein wenig andrücken.

Bei 180°C Ober- und Unterhitze vorgeheizten Backofen ca. 30 Minuten backen.

Danach den noch heißen Kuchen mit zerlassener Margarine beträufeln.